YA NO ME SALVARÁN
TUS OJOS

YA NO ME SALVARÁN TUS OJOS

Mariano Vallejos Mares

INSTITUTO DE ESTUDIOS CEUTÍES

Colección

Casa
de los **Dragones**

1ª edición: Diciembre, 2023

© de los textos:
Mariano Vallejos Mares
© del prólogo:
María Jesús Fuentes
© de la presente edición:
INSTITUTO DE ESTUDIOS CEUTÍES

Ilustración de portada: Rosa Olea.
Producción editorial: Q-book.

Edita:

INSTITUTO DE ESTUDIOS CEUTÍES
Paseo del Revellín, 30 – 51001 CEUTA
Tlf: 956 51 00 17 Fax: 956 51 08 10
ieceuties@telefonica.net

ISBN: 978-84-18642-49-4
Depósito Legal: CE 31-2023

*A Salvador Mares Maqueda
y a su hija Mari Carmen,
por su ciencia,
por su biblioteca
y por su amor*

PALABRAS PREVIAS

El título de este poemario surgió durante una desenfadada charla sobre emoción e inspiración y sobre el esfuerzo, el conocimiento o el trasfondo que sustentan cada cuidadísima composición; las influencias, las referencias literarias concienzudamente proyectadas desde las sombras y ciertas palabras que se alzan como columnas tridimensionales trazando un pronunciado perfil de personas, recuerdos y adversidades.

La memoria de la mocedad bastaba para describir la sinuosa levedad del aire, la consagración de la tierra, la frescura del agua o para sentir el dolor del fuego. Estructurar el poemario en concordancia con los elementos guarda relación con las vivencias de la niñez, con el imborrable camino truncado prematuramente, con los instantes que se convirtieron en férreos puntales y con los determinantes momentos que gangrena el olvido.

Sin embargo, con estas apreciaciones apenas se accede a la primera capa al arañar la superficie con un sutil reflejo de veleidades de un tiempo súbitamente mutilado desde su imperfecta, aunque pletórica esencia. En realidad, mana de cada página una profunda historia que conmueve y empuja a continuar, con creciente implicación, por una senda de prismas y barrancos, de despedida y de ruptura.

En estos gallardos versos abundan las confesiones y emerge la verdad desde un foso hondo y trascendente; se transfiere el alma de quien «nunca será aquel niño», de quien ha empezado «el viaje eterno de lo lejos» y aflora el llanto. Sobre una blindada y exquisita arquitectura de mimo métrico, cerca un intenso paisaje amoroso, resignado o asumido que se resume en lo que ya era el título incluso antes de aquella tarde de distendida conversación: «Mañana no me salvarán tus ojos».

El libro, pues, ya tenía nombre y el autor, Mariano, joven escritor y joven profesor que deleita y se deleita con su gran pasión hacia la literatura, sólo tenía que dejar que su voz se filtrara para designar, con todo vigor, su esencia.

Y, aunque expresa que «jamás podrá encontrar a sus destinatarios» dentro de ese juego de remembranzas, asumiendo la de los obstáculos de la muerte y la marcada línea que divide la existencia, acepta que habrá un «desconocido lector» (añádase que privilegiado para mí) que disfrutará, valorará en su elevada medida este necesario producto de un universo que parte ya con «un lenguaje propio». Coincido con él en que «la palabra es absurda si no encuentra un oído».

El mío hace varias lunas que empezó a darle forma. Por eso puedo asegurar que, cuanto más lo leo más me gusta y, como es sabido, la calidad, la legítima y efectiva calidad, solo se alcanza y se reconoce cuando la respaldan repetidas e incansables revisiones de una obra. De momento, de la primera, les garantizo que no se arrepentirán.

María Jesús Fuentes

YA NO ME SALVARÁN TUS OJOS

Desconocido lector:

Has de saber lo primero que este libro jamás podrá encontrar a sus destinatarios, pero la amistad y las fechas han querido que lo terminase. En él solo encontrarás figuraciones poéticas de lo que he sido. Espero que sepas disculpar las deudas que uno tiene consigo mismo. No creo que merezca más alcance que el espacio de los míos ni más fortuna que mi tiempo. No obstante, hoy sé que solamente existen dos caminos que merecen ser comenzados: los propios y los infinitos. En este libro empiezan ambos, buscando el corazón imposible de lo que he perdido.

No esperes hallar en él las verdades de una vida, puesto que toda palabra constituye por sí misma una violencia que se revela sobre las cosas. Refracta las impresiones y los recuerdos para esbozar una síntesis huérfana de cuanto fue su origen. Y, sin embargo, es el único medio que conozco para regresarnos del abandono continuo de la existencia. Fabricar un lenguaje propio, una retórica, es el cometido menor que asumo para devolver las palabras a sus raíces, aunque no las encuentren.

La literatura pervive quizás en este punto como la forma vacía de quien la espere. Su escritura se presenta abierta como un camino, siempre dispuesto a la huella ajena. Sus textos se asemejan a las cartas perdidas que perdieron su destinatario y que ahora solo pueden deshacerse entre los lectores nuevos que las descubran. El mundo está inundado de silencios y no nos necesita. Por eso, toda palabra es absurda si no encuentra un oído. Sean, pues, estas páginas para ti lo que nunca podrán ser.

El Autor

Dentro de un tiempo, acaso mayor del que me dieron
—puede que unos cien años sin que se oiga mi voz—,
ya se habrán muerto todos los que me conocieron
un día en una tierna alborada de sol.

Caerá la última hoja de algún nieto postrero
y yo, quizá escondido en un viejo rincón
de su remota niñez, me iré por el sendero
callado del olvido como un blando rumor.

Somos la vereda entre dos suspiros, inmersos
en la hueca eternidad de nuestro alrededor.
¿Qué contarán de mí solamente unos versos?
Pero tú sí estás vivo, impensado lector,

de quien nada conozco, y hojeas este perdido
libro sin el recuerdo superfluo de su autor.
Y lees estas palabras, si es que han sobrevivido
a las muelas del tiempo, a la humilde intención

de su poeta, al rotundo idioma de la tierra,
a una herida de luz sin verbo, al gris clamor
del pueblo devastado por la pútrida guerra
o la censura, al niño que traza con color

e impulso un capricho pueril que no entendemos,
al quehacer de un insecto, al diente del ratón
y a la muda vigilia que aguanta sin extremos
por cada biblioteca. No hubo aquí más razón

que la de describir mi hogar para los míos.
Disculpa de antemano las faltas que escribió
mi agrio ingenio. No fueron, pues, para ti los píos
de estas ramas, si bien podrás oír su amor.

La lengua nos condena y el oído nos salva.
La poesía es este momento entre los dos.
Los años pasarán. No será mía el alba,
pero, al leerme, ha vuelto a latir mi corazón.

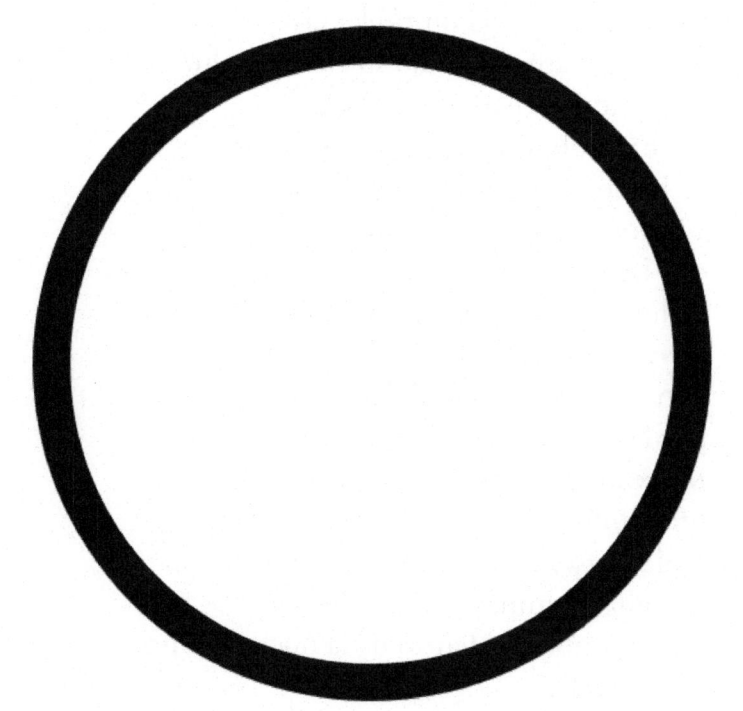

I

Mi poesía son versos de una lengua
que no he pronunciado todavía.
Cerca de casa baja un río lenta-
mente, escarbando bajo su encaje de luz
un lecho de légamos y arenas
mientras ahonda tranquilo el sueño
de las embarcaciones y las siembras.
Y el murmullo constante
que fragua en sus entrañas secretas,
de hojarascas y tiempos escombrados,
se va quedando dormido y queda
entre los cañaverales poblados
por las aves que, despiertas,
tararean bajo las brisas verdes
que caminan sobre la tierra.
Y al alzarse, contra una llovizna maternal
de agua y plumas añejas,
han descubierto dentro de la noche oscura
a las estrellas,
que están latiendo por los aires
en un blanco sueño de piedra.
¿Quién sabe lo que han visto
y lo que recuerdan?
Cuando llegue por la mañana
el sol con sus manos tiernas,
apagando los blandos faroles,

crujiendo las ramas y las veredas,
la luz que cruza el aire
quizás enseñe, sobre las arboledas
por donde asoman los centauros fugaces,
el timbre velado que las montañas albergan.

Mi poesía son versos de una lengua
que no se ha escrito todavía.
Pero si un día descubro sus palabras primeras,
mi casa estará vacía, mi perchero,
desnudo de abrigos y abiertas
estarán las ventanas de mi habitación,
porque mis palabras, verdaderas,
se habrán marchado con el eterno
rumor de las distancias desiertas.

II

Tenía el rostro y las ropas tiznados
de manchas blancas e irregulares
que brincaban, como liebres
asustadas desde un bosque oscuro,
cuando le arrancaba aquella tos
afilada de pausas y resuellos.
Con ronco compás se reía de mis palabras.
Contaba la mina y las galerías
invisibles del planeta hechas por sus manos.
Pero yo no era como él. En sus túneles
uno podía morir tras un chasquido,
oír el crujido de la viga y apenas
tener el tiempo de pensar «*ya está, aquí me quedo*».
Sabía que mi poesía no hubiera evitado
los surcos de sus cicatrices ni el trueno
sobre su pierna. Allí, sentado sobre una roca,
mientras yo lo miraba decía: «*Los versos
dan mucha hambre, pero no la quitan.
De mis brazos han salido los muros
de vuestros hogares. De mi fuerza, vuestras
ciudades. Solo el trabajo hace al hombre*».
Yo no sabía responderle. Me dolían
sus explicaciones y solo tartamudeaba,
que la poesía era… la poesía es…
algo eterno sin forma… el agua para…
Pero él sabía mucho más que yo. Se reía.

«¿Llenarás los platos de tus hijos con rimas?
¿Beberán versos tus hermanos?
No pierdas el tiempo: la poesía es
un capricho, ocio de quimeras volubles
que se agotan, una manía de las religiones disueltas».
Que no perdiera el tiempo me decía,
algo de provecho, un oficio de verdad.
Y yo no sabía responderle. Yo no buscaba
el desierto de tu boca, pero lo encontré.
Agaché mi rostro contra la tierra dura
porque dudaba. *«Tus versos no salvarán a nadie*
ni los han salvado. Ya has perdido lo que amabas.
No hay medicina ni milagro en la palabra. No dudes
más». Apreté los puños, la carne
contra sí misma. Yo no quería el cielo
oscuro de tus ojos, pero lo encontré.
Seguía riéndose con cierta contención de victoria:
«Tus versos no son armas ni cetros.
Los aplausos cesan y las estatuas sucumben.
De aire son las palabras y de nada más.
Si perseveras, serás renglones
agazapados en recónditos
papeles donde caerán alguna vez
ojos torpes que buscan otras cosas,
cuna para el polvo en el silencio
de las estanterías». Dudaba.
¿Una caverna vacía bajo mis labios?
Levanté la cara. «Si es la tierra
mi destino, seré vocación de piedra de ribera,
canto que ni se venera ni se codicia,

y mi poesía serán arenas arrastradas
por el corazón del río. Contaré sus envites,
los rumores de amores por su orilla,
los recodos donde se posan los sueños.
Y me iré. Mi voz última caerá en el mar
sin importar cuánta agua la lleve.
Allí, sin eco ni sombra posible,
en su fondo, debajo de todo
el peso de la nada, nadie
podrá encontrarme y seré nadie,
una voz que jamás haya existido.
Y quizás, mucho tiempo después,
una fuerza sin límites, una erupción
inconmensurable de tierra y fuego
libere nuestras arenas sobre las cumbres nuevas.
Regresaré desleído y deshecho sobre la tierra,
pero sin mí. Y estaré aquí sin que ni yo ni nadie
                                        [me sepan».
Me marché y desde su fondo me respondió:
«Pero tú no volverás ni volveremos a vernos».
Por su rostro de ceniza huía el tiempo.

III

Los poemas son hogares
con varias puertas.
Por algunas se sale;
por otras se entra.

IV

Estas son las palabras que me envía
un templo derrotado, la tierra
sin conquistadores de mi memoria.
El tiempo cruza bajo sus viejos dinteles
buscando la potencia de los espejos,
los vagones veloces, las efímeras sombras
de la retina, las palabras perdidas
escondidas en las esquinas invisibles
del aire. Pero no hay convocatoria posible. Sólo
el ligero temblor del sueño en los párpados
de quien despierta. Todo pasa
en el mundo, pero todo queda en el alma.

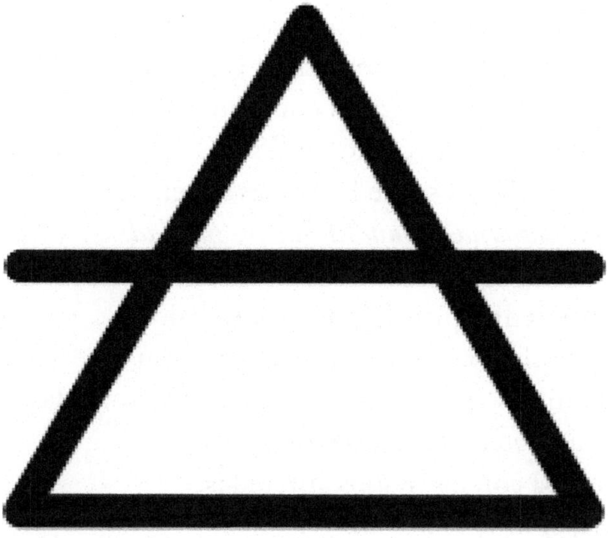

V

Nací con ojos de vidrio para el vidrio,
como un vientecillo al que le quitaron
las ramas de los parques.
Solo me dejaban verte media hora
al día y a través de un cristal.
Su pecho retorcía nudos desgarrados
de acantilados oscuros. En la ventana
un geranio se consumía como un niño
hambriento. El verano rendía
a los gorriones sobre las aceras calientes.
Cari, mañana se pondrá bueno, ¿verdad?
Mamá era una hortelana triste
e impotente que, después del trabajo
y el destierro, encuentra malograda su cosecha.
Dos meses en el miedo de las mieses podridas.
En las noches abiertas suspiraba
y rezaba con las manos apretadas:
Cari, el niño se nos muere.
Las ropillas, con frescos aromas
y ensoñaciones, *–mi niño…*
mi pobre niño…– caían por la cuna
inhabitada como frutos sobre el barro.

VI

Hijo mío, mi niño,
si te naciste ayer,
solo unos días tienes
y no quieres comer.

Si pudieras decirme
con un gesto tu mal,
no te hubiera yo dado
mi leche de cristal.

¿Por qué huye como sombra
tu cuerpo a su interior?
¿Tan triste es, hijo, el mundo?
¿No te alcanza el amor?

¿Qué tïenes, mi niño,
qué tienes, hijo mío,
que mis brazos no saben
arrancarte ese frío?

Si pudiera, hijo mío,
ahora mismo darte
mi vida, te la daba
sin mirar a otra parte.

Duerme, mi niño; duerme
tranquilo, vida mía;
duerme, que yo te cuido
hasta que llegue el día.

VII

¡Qué misterio, el aire!
¡Qué henchido y qué completo!
¡Qué lleno de sí mismo, el aire!
Puro alrededor y sin frontera,
el aire.
Ojo pleno y peregrino que sin párpados cazcalea,
siervo inmaterial de nuestros límites,
el aire.
La sustancia hecha silencio,
el aire, el aire, el aire…

La mano tendida que fracasa
por el aire
buscando una memoria que no puede conseguir su
                                                [forma
en el aire;
numen en disolución,
la carne del tiempo que nos roza,
el aire,
sueño sin centro por los aires.

¡Qué preñado de distancias! ¡Qué amor sin labios
buscando un fondo! Él, el mío;
yo, el del aire.

¡Qué frío! ¡Qué todo en sí! ¡Qué muerte la del cuerpo
dentro del aire!
Menos de mí mismo. Dios más lejos
después del aire.

VIII

La infancia tiene voluntad de aire:
oro deshecho por el viento o islas
desperdigadas en el mar de los olvidos.
Son estampas recurrentes y grises
donde anidan farolas inmensas,
delirios verticales de ladrillos y cristales,
sombras de estanques y viejas fotografías,
crujientes parques de otoño y árboles imposibles,
las palabras prohibidas, amistades puras
de un día que ya he olvidado,
costumbres de ropas, las anécdotas
que mamá siempre relataba,
las manos infinitas de mis padres,
la sembrada sombra que me asombra
eternizada en las aceras de la tarde,
el terror ante la lluvia que anega el salón,
coches que se ladran como perros de finca,
los secretos mágicos de las estanterías,
una inmensa alfombra azul, pasillos escolares,
los juguetes perdidos, los primeros libros
cuyos dibujos son hoy mitologías,
la sábana divina como un alcázar
en los bosques del sueño, la cuna
blanca de mis hermanos… Mi infancia
es el viejo museo por donde a veces
paseo buscando la fuente perpetua de mi vida.

IX

La sangre vino a mí dos veces.
La primera fue mi mano quebrada
por el hierro, la primera herida. El grito
dejó un silencio de niños detenidos
por la plazoleta. El puño
iba en el paño encarnado
como una amapola gigante y caliente.
La segunda fue mi padre entrando
en casa. La mano sajada por un amigo.
Meteos en el cuarto.
…porque le he dicho que nos íbamos
de Madrid y que cerrábamos…
Solo lo oscuro, solo lo extraño permanece.
Lo cotidiano es un sueño que se pierde.

X

Viajar al pueblo de los abuelos tenía
oración nocturna de estrellas
sobre el cuerpo oscuro de las montañas dormidas.
En el asiento trasero, con las mejillas
tibias, traqueteábamos los niños
mirando la sierpe gris, las fauces
de roca quebrada de los riscos altos
y el manto sobrehilado de los olivares.
Y siempre surgían en la madrugada,
sobre nuestros ojillos entornados,
el puente de piedra sobre el arroyo,
las casas enlomadas, el castillo
como una corona amarilla
sobre el cerro alto, pasajes de macetas,
el olor seco de la tierra ardida,
ruedas de molino, la luz blanda
encima de las mujeres mayores.
Siempre estaba preparada la leche
caliente desde sus manos viejas.

XI

Recuerdo el hospital frío y amplio, con voz de sepultura vieja. Lo recuerdo porque era algo nuevo y extraño. Mamá nos había comprado el último cómic, el número 171. Célula amenazaba con su forma definitiva. Nos hicieron entrar a mi hermano y a mí en la habitación. La abuela estaba medio incorporada y sin semblante, como aquel pajarillo enfermo que criamos en el patio y que no logró sobrevivir. Yo solo quería leer el cómic que tenía aferrado en las manos. La abuela nos dio un beso a cada uno y nos dijo algo que jamás he podido recordar, porque yo solo quería seguir la otra historia. Los mayores se quedaron hablando con sus palabras incomprensibles. Papá estaba triste, creo. Acabé el cómic leyéndoselo a mi hermano sobre los asientos de plástico verde. Nunca la volvimos a ver.

XII

A vosotros, mis alumnos

No quisiera decir aquí mucho:

Este poema, destacado por lo lírico más que por cualquier otro rasgo, creo recordar que nació, como imagen, en alguna de las clases primeras que impartí hace algunos años. Una ventana por donde solía perderme y algún árbol deshojado por donde trinaban esos pajarillos fueron alimento de la idea. Sin embargo, de no ser por la luminosa respuesta de los alumnos a los que di clase, las pobres y breves notas seguramente hubiesen acabado arrumbadas entre otros tantos garabatos y sueños sin cuerpo ni palabra, esperando mayor fortuna y mejor inspiración. La alegría de su sencillez, la firmeza de su participación, el desafío de su competencia y, en todo y sobre todo, el sentimiento de su compañía me motivaron a recuperar aquella imagen, desarrollarla y escribirla, y en el último día con ellos leerles como agradecimiento una poesía.

El poema tendrá sus errores, como quiera que no haya obra perfecta ni habitación sin sombras, más aún en quien tiene por oficio trabajar con prisa y sin costumbre. Y porque la oportunidad de incluirlo en este libro es un motivo honesto, tengo a bien que lo lea y lo escuche quien así lo quiera. Decía un maestro, bajo cuyo magisterio escribo, que:

«…Dejar quisiera
mi verso, como deja el capitán su espada:
famosa por la mano viril que la blandiera,
no por el docto oficio del forjador preciada.»

Quiero decir, que si mis versos han de recorrer espacios que jamás les quise, más allá de aquella mañana en la que les dediqué su lectura, ellos guarden su memoria, la de los niños, y no la mía.

«*Sed buenos y no más, sed lo que he sido
entre vosotros: alma*» (A. Machado)

Ayer sonaba un ritmo de lluvia en la ventana:
alborean las calles y el sueño se desvela
de los niños, antiguo rumor que de la escuela
trae la triste hondura de la estación lejana.

Van entrando y, tras ellos, la amplia puerta se cierra
con un silencio grave que tímidos jilgueros
van quebrando; yo, mientras, pensaba en los primeros
tesoros que la aurora vierte sobre la tierra.

En el patio invernal reinaba un chopo agudo
al cual las inclemencias del frío dieron mengua:
árbol sin hojas es como un hombre sin lengua
por donde pasa el viento sobre el misterio mudo.

¡Triste arbolillo mío!, árbol mudo que entonces
penaba sin amor, con soledad de faro,
la noble pobreza de su cuerpo enjuto y claro
en un anhelo limpio de los remotos bronces.

Recuerdo que solían algunos pajarillos
posarse. No sabría enunciaros sus nombres.
En la ciudad olvidan tantas cosas los hombres
con tal de no pensar como esos pajarillos.

Alegre pajarillo que va de rama en rama,
de oro en oro, con pies tan ágiles y suaves
—la ligereza es norma en verbos, años y aves—
que parece encenderse como una breve llama.

¿Se posa? No lo creo; más bien es como un beso
que retoza buscando una dorada sombra.
No tiembla el chopillo. Habla: «¿Quién me besa?
                              [¿Quién nombra
mis ramas viejas? ¿Quién? ¿Quién me pisa sin peso?».

Un beso. Asoma el sol. Claridades rojizas.
La luz que estaba quieta tirita y reverbera,
¡y parece que ha vuelto la tierna primavera!
Se reprende: «árbol viejo, ¿por qué te ruborizas?».

Tantas aves se posan en su mañana lenta
que parece tener, inquieto, escalofríos
en los lisos extremos de sus brazos vacíos.
¿El número? No importa. Los besos, ¿quién los
                              [cuenta?

Alguna gritería los asusta y se marcha
la bandada canora. El arbolillo entero,
melancólico, da su adiós largo y sincero
temblando con un sueño de lágrimas o escarcha.

Supongo que ese día fue algún día en mi historia,
un día entre vosotros de ese tiempo ya nuestro
cuando nuevo y joven jugaba a ser maestro.
¿Quién sabe las razones de la oscura memoria?

Si vivir es hacer caminos del recuerdo,
—un alumno curioso pregunta alguna cosa,
la tarde que declina, florece aquella rosa—,
soñar es querer ir donde sin querer me pierdo.

Y porque todo pasa —así tiene que ser:
las cosas importantes se aprenden muy despacio—;
y porque todo queda —la lengua es un palacio—,
escribo vuestras voces en este amanecer.

Ni siquiera recuerdo qué imagen detentaba:
¿unas palabras sabias?, ¿extensos comentarios?
¿Pregonaba yo aún mis aires literarios?
«Que guardéis las preguntas», «que el amor no se
                                                              [acaba».

Seguramente os dije: «si se aprende a mirar,
la vida es más sencilla: el ojo no deja huella,
pero ¿quién no ha pisado jamás alguna estrella?»,
«solo un sitio tiene una sola orilla, y es el mar».

Hoy, sin embargo, es otro el centro de mi empeño:
pediros que seáis buenos y que viváis con calma,
suspirad por un libro, leed el final de un alma.
Veréis labrada vuestra vida en la voz del sueño.

Y si es que nos cruzamos un día muy temprano,
—porque, en nuestras vidas todo bien puede ser—,
solo decidme amables al levantar la mano:
«¡Maestro!, ¡maestro!, como decíamos ayer…».

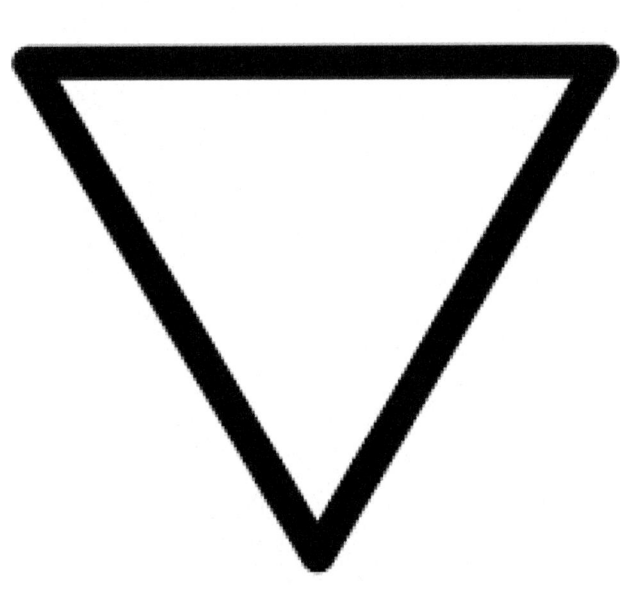

XIII

Si acaso sabe el mar de sus extremos
o si es que importa el número en la arena,
océano o desierto donde ensena
el alma, eso nunca lo sabremos.

Y sentir que sin senda nos perdemos
y ser el hondo miedo que nos llena
y esperar con los ojos otra escena
pensando que será porque seremos…

También el mar es sed por la montaña,
conciencia que fracasa en su marea
una y otra vez, lo mismo que el desierto

con su arena. ¿Y qué hacer que no sea
un camino tendido hacia lo incierto
y ser raíz desnuda en tierra extraña?

XIV

¡Cuántas cosas había en mi libreta!
Ángulos, cordilleras, sustantivos,
valencias, leyendas, números vivos,
afluentes, músculos, cada planeta,

pretéritos, corolas, teoremas.
El abuelo nos dictaba de memoria
lecciones y los hechos de la historia,
oraciones, los primeros poemas.

Cuando volvía a casa cada día,
dentro de mi mochila iban el tierno
consejo, su bonhomía y su ciencia

formada de trabajo y de paciencia.
Repasando, pensaba y sonreía:
«¡Todo el mundo encerrado en mi cuaderno!».

XV

La tarde amarilla entraba cada tarde
por los amplios ventanales del casino.
Una mano hirsuta graba en las libretas
lecciones y cuentas infantiles.
Sobre el mármol, la merienda breve
y el aire traspasado por el canto de los niños.
En el mar del conocimiento
no importa nada saberlo todo. Somos
lo que buscamos con las manos del alma.
Que no se te olvide nunca, Mariano,
que el conocimiento no será jamás el cofre
escondido de un avaro, sino el árbol
de sombra benigna que cobija a todo
aquel que lo necesita. El dinero
es esquivo. Las ideas son eternas.

XVI

En una tarde como esta,
con el mismo sol constante,
la plazoleta tenía
un verano en los rosales

y un conjunto de gorriones
intranquilos que recaudan
las migas de los manteles
entre sus losetas blancas

y un revuelo de palomas
escondidas que extienden
sus arrullos por la voz
del aire. Bajo las verdes

copas de nuestros naranjos,
unos regazos de sombra
cobijan a los chiquillos
junto a una vieja pelota

y atraviesa su enramada
de quietud un breve gato
perseguido por los dedos
de unos recuerdos lejanos.

¡Plazoleta que eres cuenca
de tantas veredas últimas
y que guardas en tus manos
nuestras verdades desnudas!

¡Plazoleta de mi infancia!
¡Mentidero de las madres
laboriosas que en los bancos
temen las noches de sangre!

¡Escenario ilimitado
que huellan alegres los niños!
¡Tertulia de los abuelos
soleados que se han ido!

Plazoleta de los sueños
juveniles, que ayer fuiste
verbena de un pueblo unido,
te vas de mí a tu imposible.

Porque una palabra nunca
es tan solo una palabra
—quizás su cuerpo sonoro,
pero nunca pierde el alma—,

dame el murmullo vital
de tu luz inevitable
en una tarde como esta,
con el mismo sol constante.

XVII

Está en sosiego el cuarto
de la modesta casa solitaria
y entra por las rendijas
de las persianas una luz de esparto
que marca plácida la literaria
estantería, la mesa y las fijas
manecillas de un reló enmudecido.
El sol con fuerza pinta
una sombra indistinta
de árboles por detrás de la ventana,
y en planetas de polvo suspendido
el silencio desgrana
las semillas del tiempo y del olvido.
Una blanda silueta
busca la fresca pared de yeso
cuarteado de humedades,
mientras que por encima de la escueta
cama el aire está impreso
de un susurro de voces y verdades
que juegan con el mar y con el viento.
Me encuentro a solas con mi pensamiento.
En las manos descansa
el libro abïerto como una herida.
¡Cómo se ahonda el alma y se remansa
en una indefinida
tarde de estío! Una frase ha quebrado

el ánimo aterido de costumbres
y escarba galerías
por en medio de las incertidumbres.
Sin mirada pervivo y desahuciado
pensando travesías
frente al feroz abismo
que se agazapa dentro de uno mismo.
Igual a mí, una mosca
terca indaga la luz entre la fosca.
Si mi aliento pudiera convertirse
en una brisa de lana y fundirse
mi sangre como arroyos
donde abrevan tranquilos los caballos,
podrían ver y verse
mis ideas muriendo en los escollos,
como el sol en sus rayos,
para que pueda el alma deshacerse.

XVIII

A Francisca «Paquita» Albert Mares
y a Vicente Mares Maqueda

Cuando los conocimos eran ya dos ancianos
juntos en una casa humilde de candela.
Por las mañanas él venía con sus manos
para llevarnos paso a paso hacia la escuela.

Después nos recogía con dispersos relatos
de mamá, poesías y mitos que elabora
quien no quiere que a un niño le pesen los zapatos
o el camino. Ella, mientras tanto en su mecedora,

nos esperaba en silencio viendo alguna novela.
Más tarde, censuraba un beso con el mando
cuando él, en un rincón, hacía su quiniela.
Si afuera oscurecía, mirábamos de cuando

en cuando aquel reloj del agua y del molino.
Crecimos. No podía ser de otra manera.
A ellos se les vistió la voz de pergamino
y la piel con el ciego fervor de la madera.

Su mesa familiar perdió las navidades
mientras una ponzoña callada les pudría
por dentro la memoria con las ingenuidades
que afloran en la cara atónita y vacía.

Delante de una historia que vieja se agotaba
o una pregunta breve, la cual nos repetían,
para no desdecirles uno se callaba,
y para no asomarme mis labios sonreían

al ver cómo se obstina al final del mar la ola.
La madrina se fue antes. Lo dijo con voz clara:
que no, que no quería verse una tarde sola.
Y el padrino esperó, conforme, a que pasara.

Nos llamó con la inercia de una agenda: *En mi cuarto
hay una niña que no se despierta.* El olvido
levantado en la sábana deshecha del infarto.
Como una alta promesa que se había cumplido,

la alianza revelaba, perdida en las baldosas,
la fuente del silencio que a cada hora se enfrenta
con las breves palabras y con las tercas cosas.
El padrino, después de un rato, se dio cuenta.

Yo aprendí lo severa que resulta la muerte
y cómo se resigna la carne y cómo el grito
perdura congelado en una mueca inerte:
aire que se perdió buscando el infinito.

Por no dejarlo solo entonces, lo llevamos
con nosotros. Cogimos el eco en que termina
una fotografía y sus ropas. Dejamos
todo apagado y un sueño de café en la cocina.

Pensando que ella estaba, por las noches sin calma
lanzaba soliloquios íntimos no sé a quién.
Quizás oyen los muertos al que ha perdido el alma.
Sabe dios si ella estaba escuchando también.

Los pasos que se arrastran por el negro pasillo
hasta mi umbral: *Señor, no encuentro a mi mujer.*
Es de noche, padrino, duerme. Por el sencillo
paseo de la mañana la volverás a ver.

Las tardes recurrentes, los meses que pasaron.
Ya ni se levantaba. Imaginar no quiero
esa última aventura de rostros que albergaron
en lugares extraños la voz de un extranjero.

Como un fruto arrancado y con hambre mordido,
que se va marchitando y pierde su color,
él se nos fue muriendo con su centro herido,
como se mueren todos los que mueren de amor.

Los dientes escarbando el aire, los esfuerzos
del pecho contraído a una ventana fría,
la mano que se aferra, los intactos almuerzos,
el débil sol de invierno, el alma, la agonía.

En los últimos días me acerqué al hospital
por despedirme de él. Desde su áspera hondura
él me miró un momento con súplica animal...
y yo esquivé sus ojos, manos de una criatura

que se ahoga sin saber qué mar o qué destino
le aguarda. Y por no hundirme con él desvié mis ojos.
Ante el naufragio blanco que late en el camino,
no sé por qué, dios mío, yo le esquivé sus ojos.

Si ya tenía media vida fuera… que se iba…
cómo iba él a seguir cuando vivió tan junto…
le estaban esperando… ya está con ella arriba…
porque él ya no quería… él quería irse y punto.

Allí, junto a la cama de aquel señor sin hijos,
callados porque se iba con su existencia entera,
estábamos los niños que su amor guiaba, fijos
pájaros sin su rama trinando en la tronera.

Porque somos el tiempo con que hacemos los días
más que la sangre triste que corre por las venas.
No sé hacia dónde fuiste, pero sé que venías
de la pequeña estirpe de las personas buenas.

Un instante en que estaba solo ante el olvido
eterno de nosotros, con lágrimas reacias,
y a pesar de mi voz sin tiempo y sin su oído,
le recogí la tibia mano. Le di las gracias.

XIX

Ahí está el oscuro trazo
de la tierra nueva. El alma,
con el rostro sobre el brazo,
sueña lejos de la palma.

Van quedando atrás las lomas
viejas que labra un riachuelo
entre espantadas palomas
y diciendo algo del cielo.

En cada pueblo la gente
espera atenta y de pie,
risueña y nerviosamente,
la voz de alguien que se fue.

Y después de unos instantes
retoma su senda el tren,
que anuncia en un quejido antes
de abandonar el andén.

Tras mi reflejo partido
en el cristal del vagón,
tengo sobre el campo ungido
tendido el corazón.

XX

Yo entonces me soñaba tantas veces,
siembra de pensamientos sin cosecha
que esperan con las manos una fecha
por entre un mar escuálido de peces

y oscuridad despierta. Inercia. Creces,
y el alma entre las sábanas deshecha
y arrojada y la travesía estrecha
que nunca te saciaba. Más no reces:

cada noche serás un extranjero;
y el tiempo, dando al río su sonido,
ayer, como mañana, fue venero

por la tierra de lo que siempre has sido.
Y un día llegarás por el sendero
vencedor de ti mismo y del olvido.

XXI

Aquí está, como en la vida, el reino de lo posible,
ensayo de la materia que me han dado,
hecho de miles de veredas abiertas
por la aventura de mis manos. Soy los héroes
que he soñado a través del pecho o la muralla
dentro de un tiempo que podría ser eterno.
No temo la muerte o la derrota
dentro de las mil formas de mi historia
inacabada, porque los dioses no tuvieron
otra oportunidad más allá de estas puertas.
Cumplo el destino grabado en las alas
de un fénix obligado a sus contrarios.
Pero si una voz me llama o llega
el conticinio de la noche, la máscara
cede ante sus límites y la mirada regresa
como un ángel derribado a sus paredes,
como un extraño ante los fragmentos
de un ser extendido. Por un instante
no pertenezco a nadie y el cuerpo es absurdo.
El videojuego, como la vida, permanece
siempre abierto para los brazos libres
que buscan un sueño. Pero yo soy el umbral.
Vencidas las marionetas, las ficciones concluyen.
De nuevo, la carne ha fracasado. La vida sigue.

XXII

Ahí está, en su batalla de ciencia
con lo oscuro, el fuego
escudriñando su infinito.
Las tinieblas fueron lo segundo en lo primero.
Mientras lo levanta un sueño de espiga
en un capricho de volutas verticales,
va explorando con sus dedos
el aire encendido, deshaciéndose
entre sílabas de humo.
Y es una hoja desprendida del sol
latiendo en los hogares
para las manos ateridas.
Por mi piel lo siento como el pecho
de un amor que nos estrecha,
como un tutor de espejos
que se acendra en los incendios,
dando por suelto su ceniza.
Semilla de sus llamas, por las yemas
del niño cruje un relámpago de miedo.

Como una tarde derramada en la madera,
es una fiebre de zarzas buscando
quien las contenga,
hebras de un dios contra la nada.
¡Qué saeta de luz hasta mi encuentro!

Yo quiero, como tú, el cuerpo puro,
sin sombra, de mi alma
que al entregarse ha de consumirse.

XXIII

Yendo exhausto por trochas y malezas,
con los ojos heridos de tentar
el bosque oscuro y en las manos el hambre
de los cerros jadeantes, a su puerta
llegué para abrigar mi corazón
de viajero en un otoño perdido.
La carne, como el fuego, retemblaba
golpeada por el frío. Con su pozo
lavó mi piel de ermita y descansé
mi cuerpo, como si no fuera mío.
Un sueño ardía por los blancos muros.
La lluvia tamboreaba cuando el sol
se iba. Vemos demasiado. Dejemos
que la luz se escriba con los dedos.

XXIV

Esta noche es del romero:
un aliento de fragantes
hojas que nunca supe antes
a la orilla del sendero.

Ha inundado el aire entero
como un amor 'namorado
que a deshora se ha escapado
de un padre guardián y fiero.

Y parece que me ha abierto
su alma el campo por en medio
de la tierra, sin remedio
alguno, y que todo es cierto.

XXV

Amor, para quererte te he encontrado
tantas veces. He andado por las frías
noches en las arboledas vacías
hechas de mí por alguien ya pasado.

Porque para quererte te he perdido
cada día por mis tierras heridas
y un hondo sueño de aves no cumplidas
donde nunca volvías de mi olvido.

Te he buscado bajo la luz dormida,
en el verso temprano, en la mar pura,
entre las rosas de mi sangre oscura.

Y si es que yendo hacia ti he de perderte,
te crearé en mi soledad vencida
una y otra vez, aunque jamás despierte.

XXVI

Hoy te dejo, Amor, porque amar no es suficiente,
porque no importaron la voluntad
ni los denuedos de aquellos que se aman.
Dejo un café templado entre los pájaros
y nuestro mirador y las horas detenidas
por el corazón y los ojos y las manos
que se buscan y tu sombra de vidrio
vertida por el río y el rubor
en que se atardecían los portales,
y un siseo de sierpes y sendas por el parque
y el rumor que reverberaba en la tiniebla.

Yo, en esos días, dejaba que la luz viajase
porque amar era suficiente. Pero el amor
es un viento entre las hojas
cuando agita las ramas pausadas e insonoras;
porque el amor es como el viento y da sonido
a lo que no lo tiene. Y yo te quise tanto,
como ama laborioso el fuego a su manera,
que me encontré pensando si amar es suficiente.

Temí que no lo fuera. Y temí al viento huidizo
que llegaba y que se iba. Y temí al silencio
que prendía blandamente. Yo te quise tanto, Amor,
que empecé a pensar que amar no es suficiente.

No pudo ser lo que nosotros fuimos
porque ya tenían aliento de luna tus ojos entornados.
Y la piel se agostó como el desierto huraño,
que desafía sin camino al caminante.
Extraños que se cruzan, las huellas que fracasan,
y el océano como una herida
que no cierra por donde yerra la mirada.
Siempre me sembró septiembre un crepúsculo
de aciagas semillas mirando al cielo.
Amor sin continente, amor que se quedó
en las horas derramadas por las calles,
en los almendros, en las pupilas, qué sé yo.

Yo pensaba: amar es suficiente. Y no lo era.
Hoy te dejo, Amor: dejo un curso por tus labios
y, en esta ciudad, una cicatriz de plazoletas
y escalones sembrados de memorias
y la distancia grave que nos hará más sabios
y una bandada de palabras, como bolsas
libres y desatendidas, que emigraron por los aires.
Tal vez solo sea amor la ausencia.
Porque, aunque un día creamos vernos
en la incierta plaza del sueño, hoy sabemos
que nunca ve la luz quien duerme,
sino quien despierta.

XXVII

Se fue un día de donde yo estaba,
como las hojas que se marchan
porque ya no tienen nada que decirnos.
Y el viento, porque no encontraba
el susurro por el árbol,
absorto e inconsciente se quedó errando
de una parte a otra, huyendo de sí mismo.

XXVIII

Una mañana de hace algunos años,
en un pobre rincón
iluminado del jardín de octubre,
encontré aquella flor

que no fue mía. *Una hora,*
sin tiempo, es suficiente para estar
en cualquier parte. Acaso
un pajarillo temprano, quizás

el viento... *No hay dolor si no hay camino.*
Y yo, contra su suerte,
la velé en mi ventana hasta la noche
frágil. *La vida tiene*

raíces placentarias
y oscuras. La luz es triste. ¡Qué sola
buscando el sol febril!
¡Qué inocencia amarilla entre las cosas

con sus manitas verdes...
explorando las sombras maternales
ocultas entre las hebras perdidas
de la nada. Y era carne

infantil de manzana o mariposa
sobre la tierra dura.
Para encontrar el cielo, un pozo hundido
donde las voces luchan

en la memoria de los callejones
helados. Y yo supe,
porque era y no sabía,
su nombre íntimo forjado en la lumbre,

nombre que solo tuvo
aquel día y que yo le había dado
para invocar su esfuerzo.
Es tan extraño ser alguien, ser algo.

Pero un lobo sin ley,
surgido de los bosques inmortales
de los montes sombríos,
con el diente corrompido del hambre

y el lomo contraído de amarguras,
mordió su sencillez
de huerto florecido
poco antes del templado amanecer.

Y su tierno color se fue extinguiendo
como la piel de un párpado doliente.
Quebrado, el rocío era
como el llanto de un niño que se muere

sin saber enseñarnos
los cimientos tronchados del dolor.
Se fue dejando su nombre secreto
sembrado dentro de mi corazón.

XXIX

Amigos, hemos ido por sus calles
tantas veces: su fuga en las montañas,
la alcazaba morisca, las extrañas
huellas, mi historia limpia de detalles

y enemigos. Memoria, no me falles:
lecturas, maestros, héroes sin hazañas
y el alma floreciendo en las entrañas,
mis viajes, reverberos por los valles

escondidos y ver soles ajenos
cada noche, últimos hogares, nombres.
El tren. Distancia y sueño en la ventana.

No podemos llevarnos el mundo. Hombres
somos. Y nada más y nada menos.
Palabras… ¡Amigos! ¡Siempre es mañana
o nunca! Mi Granada…
¡Granada de los buenos!, tierra adentro,
todo es irse, marchar sin ti, sin centro.

XXX

Cuando llegues, compañero, rendido
por el recorrido arduo y los errores,
allí donde se templan los albores
en el poniente de su mar vencido,

donde el puerto recluido y las barriadas
bigarradas, allí verás mi tierra
y el mar como una herida que no cierra
y un resto de colinas olvidadas.

Mira y cruza. Descansa en su bahía
y, mientras recordamos nuestra triste
ausencia, dile al acabar el día,

ante el océano en levante y en pedazos,
con la sal en los labios, que volviste
como el hijo que vuelve hacia los brazos.

XXXI

¡Qué costumbre dulce era la del perro viejo por la casa! Si estaban, el rabo era una campana nerviosa de alegría entre los muchachos, amalgama de piel blanca y manchas negras correteando, como el mendigo de un amor, su morro húmedo entre las rodillas y las manos. Y si ellos no estaban, se ovillaba pacífico en la litera desierta, con el hocico entre las patas, como un crío que aguardase en un aula sin maestro.

¡Qué jugador vivo por las tardes con los niños! ¡Qué saeta para las palomas despistadas en las aceras! ¡Qué ladrido celador en la puerta del hogar! ¡Qué frente mansa e inclinada ante los errores! ¡Qué compañía la de su aliento reposado en las tardes vacías! Ojalá tuviese el mundo, en la médula de su fondo oscuro, la bondad que ardía en sus ojos negros.

El tiempo le había puesto entre tanto una mirada caída y triste sobre sus bigotillos blancos. Nos esquivaba por las habitaciones con sus miembros agotados o nos intuía en alguna parte más allá de sus ojos turbios. Era tan alegre y bueno que no sentimos cómo se nos fue haciendo viejo. En medio de una madrugada silenciosa, se fue al fondo del pasillo, a un rincón, con su cuerpecito blando. Por la mañana lo encontramos –alguno de mis hermanos apareció llorando–, ángel derrotado en aquella esquina, como un rescoldo blanquinegro en la misma postura del sueño. Qué silencio del animal blanco… qué pesado y frío… sobre la muerte, el cuerpo frío… porque sabía que iba a morirse y coronado de humildad se apartó para irse con el paso tranquilo de los buenos, sin molestar a nadie.

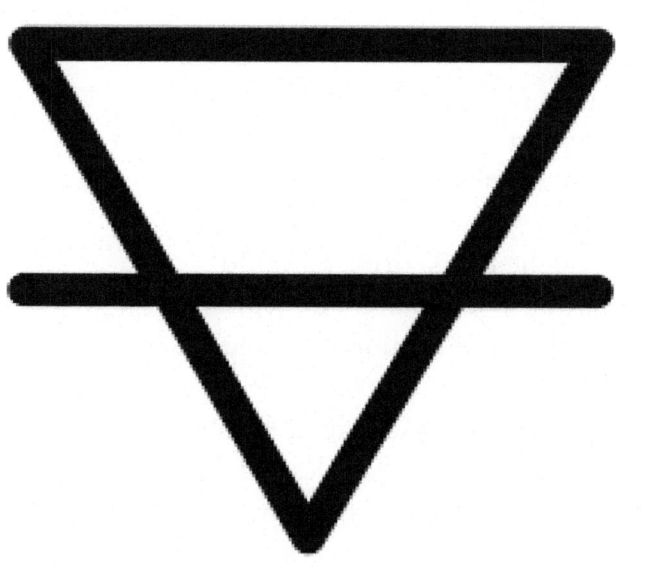

XXXII

Un hombre solo frente al mar espera,
remordido, un eco del difuso
rumor que un día en sus oídos puso
el sonido de aquella voz primera.

Pero en su rostro exclusivamente arde
el blanco nudo de una luz sin tacto
y ramas perseguidas por el acto
intenso y consumado de la tarde.

Ya la noche por la orilla ha caído
como una ávida pantera de espinas.
Mientras sus ojos miden las esquinas

de aquel tiempo que se ha desvanecido,
escucha la única verdad desnuda:
El viento solo entre la tierra muda.

XXXIII

A tientas por estas veredas oscuras
deambulo, polvo y luna, sobre los restos
de reinos fracasados, entre esquirlas
de fauces y claveles en disolución.
Y se escucha cómo descienden por las grietas
del silencio todos los murmullos del camino,
los fragmentos de todas las memorias
debeladas por el tiempo.
Al contemplar la tierra imperturbable,
siento que pierde ritmo el alma
en una procesión de tortugas enfermas
por el cauce redondo de las estaciones.
Sus labios ciegos de señales endurecen
con lejanía el parpadeo dubitativo
de las estrellas, los soles fatigados que sestean,
los vientos monitorios de un pan que se nos quema,
los espejos del mar envejecido. Qué lengua desalmada
debajo de sus calles perpetuas… qué inexpresiva
lentitud por encima de la vida. Quizás por eso
le confiamos la esperanza de los primeros pasos,
los muros del hogar, la laboreada semilla,
el puñal airado, el descanso de los muertos.
Solo,
como una pregunta situada, mi sombra
me acompaña por su continente
como una raíz intangible del cuerpo,

como un perro fiel e incansable
que me anuncia sin gruñido.

Serás, tierra, útero final e inverso
de todo lo que es mío,
cedazo taciturno de mis recuerdos
hasta la verdad mínima de las migas pequeñas.
Descompondrás mis manos
hasta la humildad sin sonido en las arenas
solitarias e infinitas.
Serás, tierra, este estómago sin pulso
de tantas estructuras
donde el corazón va sembrando sus cristales,
donde cada sombra es un presagio,
donde no hay tiempo, sino un espacio
inundado de silencio
en el que se escribe el lenguaje de la eternidad.

XXXIV

Era un breve sueño a contraluz
en la puerta entreabierta de la habitación.
Estaba sobre las costuras pequeñas
y sobre las cartas pendientes.
Estaba detrás de los bufidos de la plancha,
vaca insomne de la madrugada, o con los libros
que ocupaban sus noches blancas.
¡Arriba, que hoy es más tarde que ningún día!
Era, como un sol de palabras y de obras,
una polvorilla entre las gentes
y un fulgor de camomila por los pasillos.
Era dos ojos celestes de camarera
por sus bares. Dentro de un tintineo de pulseras
y una cocacola, dentro del humo
de un cigarro perpetuo entre los dedos,
sostenía hechizado al aire entretejido de historias.
Fue valedora para los niños que jugaban
en el corazón de los veranos
hasta el final de las despejadas avenidas.
Desde su asiento y contra la sed de los suyos,
vaticinaba los días dando sus consejos,
siempre agua hacia la paz de los labios marchitos.
Pero ahora sé que el pozo lo había construido
a lo largo de su vida, con manos desnudas,
a base de destierros, miserias y traiciones.
Ahora sé que mamá encaró el hambre

con las labores de una hormiga que se abniega,
leona de lo poco que era suyo, mejilla
quebrantada de tanto darla, obrera quemada de
[dolores
debajo de la torre de los favores olvidados.
Ahora sé que ella fue el nervio anónimo
y femenino que late a través de todos nosotros
y que solo queda un invierno ante su espejo.

XXXV

Empezó con aquella mala sombra clavada
en la carne rendida por labores pequeñas.
Pasaron las semanas, pero de su mirada
grave esa agazapada gata de oscuras señas

no se iba. Le anidaron dejos grises de ralo
acento en la garganta y en el rostro, remotas
esperanzas que no eran. *Creo que esto es algo malo.*
Diciembre en alto entraba por sus mejillas rotas.

En casa un silencio ancho llenaba con amargas
astillas nuestros labios en sal de profecías.
La muerte hace a las noches terriblemente largas
cuando extiende sus manos por las piezas vacías,

y nosotros solo éramos los niños asustados
que se arrojan delante del muro firme y eterno
de las causas injustas, como tristes soldados
con su corazón solo. *Afuera está el invierno.*

Y a ella se le preñó la boca de alaridos
por las noches abiertas con su inmortal dolencia
mientras revoloteaba por los aires heridos
el nuncio terminal y claro de su ausencia.

Se iba y se la llevaba aquel calvario impío
con un perro agarrado a su fecundo vientre.
La mataba esa herrumbre de clavos, como un río
que la arrastra hasta el mar porque nadie la
                                    [encuentre.

Porque algo tan minúsculo, tan pequeño y tan nimio
puede ocupar un cuerpo y levantar la grava
en lid contra sí mismo. *Primero será quimio
y luego ya veremos.* Porque su casa estaba

invadida y extranjera y su carne era de otro,
de un brazo ajeno y tácito sentado en nuestra mesa,
iracundo sin senda ni quietud, como un potro
bravío que devasta, pero nunca regresa.

Porque la muerte es una caída que no acaba
y se basta un gemido para helar y hacer hondas
las salas del hogar, para sonar la aldaba
de un pozo circundado de agonías redondas.

Yo, cansado de verla sufrir con su alma entera,
y porque no entendía por qué se regodea
la muerte en las entrañas, pedí que se muriera
soñando que morían el mar y la marea.

Y ella siguió bregando con su abdomen cautivo
y seco entre nosotros porque era su costumbre;
y medrosos velábamos, igual que el fugitivo
que encomienda el descanso áspero hacia la lumbre,

pajarillos de un árbol vencido que no duerme
y aguardan con desvelo que llegue la primera
luz de la madrugada. *Solo yo puedo vencerme.*
Quitadme de sus labios para que yo me muera.

XXXVI

Hoy te he soñado por la calle y sonreías
entre las gentes como si nada hubiera sido
–por detrás de los párpados existen tantos días–,
pero al mirarte para verte te habías ido.

XXXVII

Yo supe tus noches enfermas
cuajadas de hiedras oscuras
y que tu voz nos buscaba
sin fondo ni alamedas.
Y nosotros, hijos de tu herida,
acudíamos para sujetar el candil
tembloroso y consumido de tus manos.
Porque nuestra casa estaba vacía
sin tus consejas aleando por el fuego
ni tu cuerpo proclamado en los espejos.
Y tu puerta no tenía adentros,
sino una desbandada de camas aturdidas
y de cordeles deshojados
en el desamor de una maleza de oros viejos
junto a la última página abierta de todos tus libros.

Íbamos a ti cruzando puertas inmensas
porque nuestra casa estaba
donde tú estuvieras, para levantar
tu yunta de estrellas sepultadas,
para recoger las tinajas
derramadas entre calaveras de piedra
y aflicciones, para ver como ardía
por tu rostro entumecido
la vida derrotada por sí misma.

Vigilamos la madriguera
de tus pensamientos circulares,
pero no supimos nunca otra vez la acera
de tus años perdidos para siempre,
porque la tierra ya echaba sus mantas viejas
sobre tu vientre hinchado como un monte,
como el mundo, porque ya asomaba
en las paredes la piel blanca del tiempo
con la sórdida verdad de la existencia.
Porque nuestra casa eras tú, mamá,
y nosotros solos, marineros que en el mar
su tierra añoran desde lejos y en la distancia nombran.

XXXVIII

Una mano ante la muerte es un rosario de calles infantiles, dedos que en delirio palpan por los aires los juguetes perdidos, la espalda del amor cuando lo era, la cara de un bebé que llora, la sombra de otra mano. Había olvidado tus uñas, duras y perfiladas en tus dedos pequeños, y había olvidado el gesto nervioso que hacías con ellas y que he visto tantas veces. El tiempo pasa inadvertido por la vida hasta que nos miramos las manos. Y las tuyas acaban de reunirme por última vez con espacios y con personas que ya no existen.

Aquí te espera, a los años, la segunda batalla contra ti misma, cuando la plenamar ha borrado los contornos de ribera del verano. Porque el mar siempre regresa y ya no nos quedan caminos por la orilla. Al médico lo mira el soslayo hastiado de tus ojos y un rostro apenas levantado. Los dos sabemos que él solo intuye los sótanos bajo tu piel, los pasadizos que afloran con el tormento. Y ambos entendemos ahora la cueva oscura que es el cuerpo, por donde resuenan constantemente susurros de inminencias y de soledades.

Con los ojos cerrados, cruzas las manos en signo de oración y mascullas unas palabras que no encuentran su destino. Gesticulas y tiemblas como si fueras un bosque antiguo y distante sometido a la tormenta. Y te aferras a mis manos porque temes y siento tu piel tersa y fría como el viejo cuero abandonado que sacamos del arcón de los inviernos. Te cobijo entre mis brazos y te hablo con frases impostadas de esperanza que no me creo, porque yo también tengo miedo. Y me sonríes con un lánguido asentimiento como de hojas secas, como la madre que de nuevo se deja engañar por un hijo, pero que sabe la distancia que existe entre la verdad y sus palabras. Yo soy ahora cual ella debió ser cuando yo era niño y temía, y ella me consolaba con sus versos de la enfermedad y del dolor. Y seguramente, como yo en este momento, ella tampoco sabía nada y fingía esta máscara infundada de enunciados y conmiseraciones. Porque ante la muerte estamos sin arquitectura y solo nos queda el hueso sin pulpa del aliento, la hueca máquina de la piedad, el corazón vacío del consuelo.

XXXIX

Ya no me salvarán tus ojos, madre,
porque mañana han de sucumbir todos tus relojes
en este sur de águilas y almenas centenarias
donde se pudre el tiempo.
La boca contraída del destino
sembrará una costumbre blanca
de azucenas sin ámbitos ni estirpe
y en todas las cúpulas,
esta noche de luz arrebatada.

Pero ya no estarán tus ojos
porque cien toros de miseria
han embestido contra tus entrañas
sus cuernos desabridos
que crujen por tu cuerpo.
Vendrán las madrugadas
y estaré solo, sin tus ojos,
entre las nieves viejas
de este invierno que se acaba.

Estaré solo, madre,
sin ojos que me salven
por estas callejuelas apagadas
cuando se esconda el pulso de tu arroyo
debajo de sedientos pedregales
y lleguen desvozadas

y temblando tus memorias,
cuando no me sepan ni tus ojos
sobre el último escalón del alma
y no tengan recinto las estrellas.

Creo en tus ojos
cuando tu voz no alcanza
el peldaño del aire
que era suyo y tu lengua
se despeña entre palabras
desuncidas de un viejo papel hecho jirones.
Pero sé que nunca más podrán salvarme
tus manos desveladas
porque ha pasado este invierno
a caballo como un jardín oscuro
para esconder tu corazón de agua
con toda tu carne en sombra
debajo de todos los siglos.
Cuánto sueño se halla
quebrado entre las piedras.
Qué mentira es el mundo, madre…

Pero tus ojos me salvan,
raíces de loba herida
que deambula sobre un trigo derrumbado
y conmovido de nostalgia.
Y soy un pájaro herido por alambres,
sin su ficción de vientos,
que encuentra su rama
cuando te miro a los ojos, madre.

Seré por esta noche
el niño desolado por tu playa
al que salvaban tus ojos
mientras se deshace por las eras vacías
el murmullo de la hierba y de la escarcha

Mañana no me salvarán tus ojos,
madre, pero me salvaron tantas veces…
La luz sigue girando entre pavanas
y oleajes, sobre el mar, como aquel día
en el que tus ojos me salvaron.
Cuando aparezca el sol por la mañana,
ya no me salvarán tus ojos, madre,
pero me habrán salvado tantas veces…

XL

No me lloréis, hijos míos.
No está la casa desierta
si hay alguien para abrir la puerta
ni hay corazones vacíos.

Cómo vuela el tiempo viejo
ahora que entiendo el tamaño
de la vida. No hay engaño
ni después ningún espejo.

Fui madre y mi sola escuela
fue el trataros como iguales,
guiaros, curar vuestros males.
Dedo no hay que no me duela.

Mis niños, mis pajarillos,
que ayer dormíais pequeños
y plácidos entre sueños
sentados en los bordillos.

Mis niños, si yo pudiera
ver por un agujerito
todo lo que os queda escrito…
mis niños, si yo pudiera…

Calma, niño mío, calma,
que no habrá tiempos perdidos
si encuentras los escondidos
paseos que tiene el alma.

No me llores, hija mía,
no lamentes estas cosas.
No quieras llorar las rosas
que se van en compañía.

No llores, mi niño. He hecho
todo lo que yo he podido
por vosotros, sin olvido
ni pesares en mi pecho.

No llores, hijo. Son buenas
las lágrimas. ¿Podrá un verso
recoger este disperso
corazón de sus arenas?

Mi niño, nada me llevo.
Se acabaron mis veranos
por tus pies y por tus manos.
Tu tiempo es tuyo de nuevo.

No llores, hija. Tus ramos
siempre en tu balcón de flores
tendrán mi aliento. No llores,
mi niña, todos nos vamos.

Mi niña, la que no llora,
sabe que el amor vigila
algo eterno en la pupila.
Quizás lo entiendes por ahora.

Serena el llanto, hijo mío.
Cuerpo, voz, vuestras infancias
y un recuerdo en las distancias:
Sola voy con lo que es mío.

Hija mía, no estés triste.
No hay dolor en el olvido.
Entre vosotros yo he sido
vuestro amor. El mundo existe.

No lloréis más, hijos míos,
no lloréis, no pasa nada.
Ya está bien. Estoy cansada
de estas garras y estos fríos.

No me lloréis más, mis niños:
Yo fui una niña encontrada
dentro de vuestra mirada
arropada de cariños.

No quiero más sufrimiento
para nadie. Que no os duela
mañana mi humilde estela.
Quiero dar mi paz al viento.

Me vale con que un momento
mi voz de ayeres lejanos
y aire limpio en vuestras manos
cruce vuestro pensamiento.

No olvidéis lo que yo os pido:
que no os esclavice la ira;
ayudad a quien suspira;
levantaos si os han caído.

Si estáis juntos, no habrá quien
os hiera ni quien os venza.
Todos los días comienza
la vida. Portaros bien.

XLI

Se fue. Y el triste niño se le quedó mirando
sin saber si se había ido o si se estaba yendo
con su alma hacia otra parte. Morir no es un estruendo
que se va. Morir es irse sin saber cuándo.

XLII

Sol de invierno, si hoy quieres ser una
gran luna equivocada sin entrañas
o nido de tus lúgubres arañas,
sé esta frialdad sin brazos que me ayuna.

Pero despiértala. La tumba abierta
es tan grande que hasta ella cabe dentro.
Arrecidos pasos sin voz ni encuentro
llevan el ataúd de mamá muerta.

Desvela, si eres luz, sus ojos verdes
como todas las mañanas… Su mano.
El mundo. *Vamos, niño, que te pierdes.*

Vieja angustia infantil —¡*Mamá, tu mano!*—
en el mercado, aunque no lo recuerdes.
Que me pierdo, mamá, dame tu mano.

XLIII

Ya no tendré con quien ser siempre un niño.
Se han muerto las raíces de mi carne.
A lo mejor se han ido.
No lo sé. ¿Va o vuelve el vuelo al ave?
¿Qué sabe una luciérnaga en la noche?
Tengo aquí mi alma rota en dos mitades.
Nunca estaré más cerca
que ahora. Aquí empieza el viaje
eterno de lo lejos. En la muerte
la arisca flor del infinito se abre.
Aquí soy una distancia.
Me ha hurtado el tiempo el hambre
de la tierra. Ahora todo
es sombra y hay sombra en todos los lugares.
Nunca seré aquel niño.

Ya no importan los nombres ni el lenguaje
porque la muerte nunca se equivoca,
pero me duelen tanto los umbrales
de esta herida abïerta,
que nunca ha de cerrarse…
Soy una persona absurda
que camina con la esperanza en balde
de una clara terraza, de un pasillo.
Soy un hombre que no sabe
nada de lo que queda

viviendo en los hogares,
pero que sueña con volver a verla.

Soy este fondo sin nadie
donde ella falta, donde una palabra
simple y suya alcanzó para sanarme.
Pero ya no me valen las historias.
Si la literatura es una madre
enfrentada a la muerte,
ella era Sherezade,
colmada de relatos y aventuras.
Solo ella era la custodia incansable
de mis luces primeras.
Se me ha muerto la sangre.
Ya no tendré con quien ser como el niño
que yo fui. Soy un adulto irrevocable.

XLIV

Nos ha vencido la noche
a todos, pero la blanca
mano del amanecer
ya se anuncia en la ventana.

¡Qué fantasma de penumbra
recubría de nostalgia
hace un momento los zócalos
de los cuartos y las sábanas!

¡Qué tristeza en el salón
vacío con su mesa ancha!
A esta hora mi hogar parece
la boca de alguien que no habla.

El tiempo anda estremecido
en su rincón y se ensancha
vivamente entre los musgos
una fiebre de esmeraldas.

La muerte nos mira a todos
mientras deja esta navaja
tan hundida en mis ideas
y esta piedra en la garganta

que me aferra como un fango,
que me arde como una garra,
que me inunda el triste pecho
de pesar donde ella falta.

Todo es sueño de una madre.
Buscas en la fría almohada
la paz de su pecho, pero
no la encuentras. En las alas

serenas del amor buscas
sus brazos y no los hallas.
Crees por un fugaz momento
al oír unas palabras

que otro día fueron suyas.
Y en una región helada
de los recuerdos su vientre
de agua tibia es lo que extrañas.

Antes era tan sencillo:
jugar en la calle larga,
enfrentar con el recado
la pobreza de una plaza,

correr el campo. ¿Perdona
la tierra a la piel descalza?
Sueño que su voz nos busca
y mis manos no la alcanzan.

Derrotados de mirar
sin ver, los ojos se cansan
y el dolor no se comparte.
Nunca muere la esperanza.

Ya se despiertan los niños,
vivos con sus voces altas.
Mis hermanos charlotean
y el espacio de mi casa

vuelve a estar concurrido
y generoso. Algo acaba.
Nuestro hogar somos nosotros
tras ella. Mamá descansa.

XLV

Algún día iré, madre, con unos pensamientos
extensos, sin orillas, hasta el amplio regazo
del mar que nos espera para que tú me encuentres.
Y seré solo voz de unos juncos soleados
por donde se adormecen los mil dedos de luz
de una tarde tranquila que aún no nos conoce.
No tendrán más andenes las jornadas del tiempo
por tus labios ni habrá niños de sol jugando
en tus portales. No estará tu sonrisa
encima del rellano ni volverá tu firma
curvada a declarar tu nombre por las fechas.
Ya nunca podrás ser lo que tus padres fueron.
No habrá, madre, más noches abiertas por tus huesos,
pero el sueño del mundo retendrá entre sus ramas
el símbolo escogido de tu rostro. Y tu verbo
arraigará en las lenguas de la familia sombras
de parrales y corros alegres los domingos.
Iré a ti, madre, cuando olvide mis caminos,
ya fuera de mí, como una piedra vencida.
Iré en silencio y solo, sosteniendo la herencia
de tu vida disuelta por mi alma sin riberas.
Iré a ti aunque no nos recuerden las estrellas
ni nos reconozcamos. Algún día iré, madre,
para que tú me encuentres.

XLVI

El coche de papá se marcha por la carretera.
Él tenía mirada acerada de esfinge,
aunque ya la ha perdido.
Ahora soy yo quien lo lleva
hasta el valle somnoliento de su pueblo.
Su rostro, indescifrable, al mirarnos
era como las aristas del viento
que sacuden el rocío de las hojas verdes.
¿Cuándo volverán, abuela?
La mano le tiembla. La pobreza
engendra muchas miserias. Apenas
hablamos de nuestros recuerdos.
Ausencias, soberbias, desplantes, tardanzas,
vergüenzas, traiciones. Un hombre se convierte
en sus obras. Los abuelos nos entretienen
en las tardes calurosas como bien pueden.
La barra del bar tenía dos lados. Los vecinos
lo reconocen a pesar de los años. Algunos
nos saludan y me trasladan sus memorias.
No me apetece comer. La casa, el patio,
la alberca, ya no existen. El cementerio
se abre como una mano de piedra.
¿Dónde estará vuestro padre? La tumba
de la abuela, apenas un resto de medalla
sin voz ni recuerdo, me ha roto. Algo sabe el alma

que yo no alcanzo. Los soliloquios,
de golpe, se han desvanecido.
¿Qué sé yo que yo no sé? Abuela,
¿cuándo volverá mamá? Papá apenas
mira las tumbas y me dice de marcharnos.
Desde la pequeña y melancólica plaza del pueblo,
papá mira el atardecer que cae por el valle
del río como quien mira una sombra.

XLVII

Fuiste un nombre y solo un nombre
en la altura gris del ángel
y un tizne de umbral y médula
en su estrépito sin sangre.
Por su escándalo de azogue,
por donde halló tu voz el margen,
todos marchan con sus cosas
cada día y no te saben.
Si te vieron, no se acuerdan.
Sin embargo, por mis calles
van tus sueños y tu sombra,
va tu infancia por los parques
con sus vinos más tempranos
y un rubor de joven carne
que fue ausencia si te fuiste
al fragor de las ciudades.
Y un puñal de espacio dijo:
«No te alejes ni te afanes,
una vida tan ligera,
hijo, tiene el final grave»,
mientras por quedar quedaron
los veranos familiares.
Y tu noche prematura
regresó para quedarse
por la vía polvorienta.

Y volviste con la imagen
de la muerte, que va siempre
con sus muertos por delante.
Y tú eras todos los muertos.
Y yo era todas las madres
que lloran sobre la lengua
muda con los brazos grandes.
Y el alma sonaba a nunca
en tu medra de cadáver;
y el óbito sonó a siempre
por el vidrio sin paisaje.
Tranquila quebró al final
en la campana la tarde.

XLVIII

Ese día un anciano, encorvado sobre un sobrio bastón, me ha llevado con sus pasos lentos hacia el mirador que se asoma al arroyo de la Yedra. *Cierra bien la puerta, Mariano, que se entra el frío.* Desde allí me ha señalado un hito indeterminado en lo hondo del vallejo. *A la niña la ha cogido un aire.* La tarde cae por el mundo como un pomelo maduro sobre un albedrío de escribanos y alcaudones. *No me gusta la tos de la niña.* Mi abuelo se lo había confesado un día de fiesta. Algo de una hermana de mi padre que no pasó el primer invierno. Hacía frío… el médico estaba lejos y era caro… no dio tiempo… la fiebre… *La niña no llega a la mañana, Mariano.* Así que aquel anciano al que le debo mi nombre, de joven y en una dura madrugada de invierno, echó a su hija muerta sobre la mula del hogar. Quería ir solo y en soledad, hollando el barro húmedo de las primeras horas, cavó una tumba pequeñita como la palma de su mano y le dio sepultura a la flor seca de su vida, como a una sombra olvidada entre la tierra.

XLIX

Como el tenaz campesino
que en su grave esfuerzo labra
tierra aceda,
mi alma espera su camino
al final de una palabra:
todo queda.
Nuestros pasos sin posada,
los recuerdos sin extremos
ni su casa,
y atrás vuelta la mirada
por aquello que perdemos:
todo pasa.

L

Sobre el añoso mostrador la camarera
me preguntaba: «¿Quién eres, hijo?».
El teatro está vacío y nadie nos espera.
Mi poesía son palabras de un idioma
que no se ha creado todavía.
¿Qué palabra me contiene? ¿Dónde
están mis años y los míos? Solo soy
un guardián vacío frente el bosque
sin conquista de mi memoria, una gruta
de formas que no pueden alcanzarse.
He perdido ya la geometría de la primavera
y el futuro es solo una sombra del pasado.
Mañer fuerá un sombre. La luz marchita
que conoce las tarde serenas me descubre.
Mis recuerdos son las lágrimas calladas
de un tiempo que he perdido
mientras veo como la luz del día
se va quebrando entre mis manos.
Madre, me estoy haciendo viejo
y tu voz es una carta que nunca llega.
Soy el centro de tantas lejanías.
¡Qué doloroso es tener el corazón abierto
como un camino! ¿Qué es la vida
sino un sueño con su herida?
Siento que se van haciendo iguales
los segundos, las horas, los días, los años,
y que el corto latido se llenó de rituales.

Hoy le escribo a los años que han pasado
en esta tarde sin relojes. No hay luz eterna
ni voz sin término, pero el alma
es un cuaderno donde el mundo esboza
a cada instante la sombra de lo eterno.
Tenemos la esencia inefable
de los seres que no tienen número.
Este poema retendrá una ventana abierta
al corazón, como el rayo de luz
que vaga sin encuentro y en su tropiezo
alumbra y significa. Porque la lengua
es la única patria que compartimos todos.
Tenía razón el minero: ya he perdido
lo que amaba y la muerte va a la inmensidad.
Pero dar la vida no es perderla. Un día
quizás me llorarán los míos
como yo lo estoy haciendo ahora.
Aprenderán a vivir sin mí. Quizás
siempre fue tarde para escribir lo justo.
Quizás será porque he vivido.
Solo queda, a pesar de todo,
el camino del amor y de la vida.

LI

Lo nuestro es caminar siempre hacia otra parte,
dejar la huella
sin saber si será un umbral a la desgracia,
conversar con uno, con el otro,
y después de las palabras y de los pasos
soñar bajo la sombra.
Lo nuestro es ir siempre hacia otra parte,
hacia el yo que espera
o hacia el tú imposible.

Lo nuestro es andar siempre hacia otra parte.
Y solo una vez nos volvemos
llegados a aquella zona del silencio,
al final del camino que se desvanece,
y levantamos los ojos para despedirnos
esperando que el rostro diga lo que el alma siente.
Sólo dejaron sus huellas quienes ya se fueron
y un algo de onda o luz que en el aire queda.

No nos llevamos nada.
El lugar y los días en los que nacimos
nunca podrán estar más lejos.
Las calles no nos pertenecen.
Ese niño que chilla no eres tú
ni podrás serlo. Las aceras
tienen otras formas y otras voces,
pero sueñas sus sendas infantiles.
¿Te has vaciado los bolsillos
de reliquias derramadas sobre la mesilla?
El espacio es un portalón que se va cerrando;
el tiempo, una fuente hacia el silencio.
¿Apurar el odre en esta hora
lo mismo que el sol hace con la lluvia pasada en el
[tejado?
El sonido se empoza dentro de sí mismo,
como la barca del pescador que solía
engolfarse sobre el susurro del mar.
El pulso se remansa sin encontrar el mar,
cada vez más lento, cada vez más débil.
El amor son regiones ya perdidas
y, al final, dios no vino ni lo entendiste.
El sexo es niebla y los hijos, mayores.
La infancia es una mochila sin asas
y tu juventud se resigna
tras el cristal grueso de su cárcel perpetua.

Haremos como aquel perro que tuvimos,
que se ovilló al fondo del pasillo
para morir sin molestar a nadie.
El párpado está dormido –soñador acaso–
y sin madrugada.
Cerremos los ojos. La luz se queda.